P

ZAPATOS

11 Soluciones para Remediar los Retos de "Criar Hijos Como de Costumbre"

OVIDILIO D. VÁSQUEZ

ISBN-10: 1511461047
ISBN-13: 978-1511461047

Acerca del Autor

Ovidilio D. Vásquez es una *autoridad líder en motivación*. Él disfruta de impartir discursos motivacionales para padres, jóvenes y empresarios. Es fundador de Speak Performance Internacional, LLC. También es autor de "Who Coaches The Coach" y "The Parenting Book" Ovidilio llegó a Estados Unidos en el 2006, desde los campos de caña de azúcar de Aldea El Chontel de La Gomera Escuintla, Guatemala. Él comenzó a aprender Inglés en 2008 en una escuela secundaria suburbana. A pesar de que su madre lo dejó solo en el 2009 debido a una emergencia, Ovidilio trabajó en turnos nocturnos en almacenes para mantenerse a sí mismo mientras asistia a la escuela secundaria, de la cual logró graduarse en 2011.

Una vez que se graduó, Ovidilio recibió clases de Administración de Empresas en el Colegio Chabot College. En 2013 fundó Speak Performance Internacional, LLC una corporación dedicada al crecimiento personal de las personas y ahora viaja a través de los Estados Unidos motivando a padres y jóvenes, enseñando a los padres "Cómo Criar Hijos Positivos en un Mundo Negativo" y enseñando a la juventud "Cómo Superar la Adversidad a Través de un Modo de Pensar de Emprendedor."

Dedicación

Este libro está especialmente dedicado a cinco de las personas más importantes en mi vida. El orden de sus nombres no importa. Los amo con todo mi corazón. Ellos me han apoyado en mi educación desde que tengo memoria. La persona que soy hoy en día no se forjó por sí misma; estoy muy feliz de decir que tengo a estas personas increíbles en mi vida, que me han ayudado a crecer más sabio y más fuerte.

A mi mamá, Verónica Avilés Sarceño, una mujer increíble que ha arriesgado su vida varias veces para poder proveer a mí, a mi hermano y a mi hermana un futuro mejor. Te amo mamá. Gracias por todo tu trabajo duro y dedicación a mi vida.

Para mi novia, Anali A. Muñoz, una de las personas más cariñosas, pacientes, persistentes y de mayor apoyo que he conocido. Ella me ha estado ayudando a ir siempre hacia adelante en los últimos seis años de nuestra relación. Anali además es una de las personas más inteligentes a mi alrededor. He aprendido mucho de ella. Gracias por todo lo que estás haciendo por nuestra relación.

A mi tío, Juan Carlos Cruz, uno de los hombres más sabios, si no el más sabio de mi familia. Mis tíos Juan y Ana Ortiz han estado a mi lado en los momentos más difíciles. Sin la ayuda, el amor y el apoyo de ellos, yo no estaría donde estoy hoy.

Él ha sido una parte crucial de mi viaje. Gracias por todos sus consejos. Lo quiero mucho tío Juan. Gracias por creer siempre en mí.

Para mi tía, Gabriela Ruiz Sarceño, una de las mujeres más trabajadoras que he conocido. Gracias por estar ahí en mis tiempos de secundaria cuando necesitaba la mayor ayuda. Usted es definitivamente parte del éxito y base de mi educación. Gracias por creer en mí y haberme animado a seguir creciendo como persona. Gracias por inculcarme el ejemplo de tener altos estándares de ética de trabajo. Gracias por regalarme el anillo de graduación junto a mi tío Juan; la quiero mucho y siempre estará cerca de mi corazón.

Al Doctor Thomas, por mucho, el mejor profesor de Inglés que llegué a tener cuando apenas sabía cómo decir "How are you?" ("¿Cómo estás?"). Conocí al Dr. Thomas en una clase de verano en mi escuela secundaria. El Dr. Thomas tenía un enfoque único para hacer que todos sus estudiantes hablasen en clase; mejor dicho, no sólo hablar.

Hablábamos en "Inglés", y cito "inglés" porque estábamos en la clase de inglés como segunda lengua, en la cual hacíamos lo que podíamos para aprender y practicarlo. Había una estudiante muy tímida. Ella nunca quiso hablar, era una persona introvertida, pero cuando el Dr. Thomas llegaba a la clase y empezaba a enseñar, incluso ella empezaba a hablar. Así de bueno es el Dr. Thomas.

Gracias por ser muy amable y participativo en mi enseñanza. Aprecio mucho su ayuda como editor de mi primer libro. Usted siempre será parte de mi historia de éxito.

Contenidos

Prólogo

Conocí a Ovidilio D. Vásquez en una clase de verano de Inglés como segunda lengua en la Escuela Preparatoria de Tennyson en Hayward, California. Yo estaba enseñando Inglés Como Segunda Lengua, nivel 3-5 en una clase con tres libros de texto diferentes que correspondían a tales niveles.

Ovidilio había estado en la escuela por menos de un año, sin embargo, él se encontraba en el nivel tres. Esto fue notable, ya que por lo general a los estudiantes les toma cinco años para avanzar a través de los diferentes niveles. En promedio, a los estudiantes de segunda lengua les toma cinco años para llegar a dominar un idioma extranjero.

¿Por qué Ovidilio estaba moviéndose tan rápidamente? ¿Por qué era un líder en la clase a pesar de que se encontraba en el nivel más bajo en ese grupo? ¿Por qué fue capaz de progresar de nivel tres a nivel cuatro con sólo dos meses (en lugar de un año) de clase?

En resumen, ¡Ovidilio es una persona notable! No me sorprende que esté escribiendo su primer libro a una edad tan joven -veintitrés años. Él debe su éxito a tres rasgos de carácter -el trabajo duro, el carisma y la felicidad. Siempre siempre trabaja duro y hace lo mejor por las razones correctas. Él no está motivado por grados ó recompensas externas; él simplemente quiere mejorar.

En su tercer año en la escuela secundaria hablaba poco Inglés, y se elevó hacia roles de liderazgo sin intentarlo -la gente simplemente quería llegar a conocerlo mejor. Por último, a todo el mundo le gusta estar alrededor de gente feliz. Tales individuos son inspiradores y divertidos. Tengo la suerte de haber tenido la experiencia de enseñarle, pero aún mejor, de verlo crecer y convertirse en un joven fuerte.

Este libro y los discursos de motivación de Ovidilio están diseñados para ayudar a los padres a inculcar los mejores rasgos de carácter en sus hijos, abordando algunas técnicas esenciales de crianza positiva. Las ideas de Ovidilio provienen de su propio camino personal hacia la iluminación, así como sus observaciones de sus compañeros.

Su juventud podría fácilmente haber sido un perjuicio para su carrera elegida -orador motivacional. En su lugar, ofrece una perspectiva única sobre gente joven que necesita ser escuchada por padres y jóvenes por igual. Disfrute de su libro y si es posible, consiga que dé un discurso a su grupo local de padres y/ó adultos jóvenes. Será una gran parte de su propio crecimiento personal.

Paul M. Thomas, Ed.D.

Agradecimientos

Hay muchas personas a las que quiero darle las gracias por ser parte de mi vida y haberme apoyado a través de mi viaje convirtiendo mi vida en la historia más exitosa de mi familia. Ustedes fueron toda una inspiración para que este libro saliera al mundo.

A mi familia: José Francisco Chinchilla, Rubila Gabriela Santizo, (R.I.P. Edilson Chinchilla), Nery, Glen Sagastume, Manuel Sagastume, Yoni Mauricio Sanchez y Zoila Mariela Ramirez.

Mis amigos, Justin Mendez, Tashina Combs, Randie Ellington, Sabir Lomidze, Luis Hernandez, Vianey Hernandez, Jose Mendoza, Marina Mendoza, Giovanny Velasquez, Mike Alexander, Julio Palencia, Miguelina Palencia, Humberto Corado, agradecimientos especiales a Quetzalcoatl Garcés y Liss Aguilar.

Mis profesores de secundaria, ahora buenos amigos, Paul M. Thomas Ed.D., Miroslaba Velo Egonmwan, Donna De Leon, Diana Vazquez, Susan Reneberg, Melissa Morriss, Amy Kohl, agradecimientos especiales a Elsa Zamora y "Mama" Diana Levy.

Mis mentores virtuales, responsables de mi crecimiento personal: Anthony Robbins, Jim Rohn, Zig Ziglar, Les Brown, Victor Antonio, Pegine Echeverria, Brian Tracy, Earl Shoaff, John C. Maxwell, Dale Carnegie, Dr. Norman Vincent Peale, Kevin Trudeau, Joel Osteen, Napoleon Hill, Cesar Lozano, Alex Dey, Ruben Mata, James Malinchak, Dr. Matt James, Albert Einstein, Nikola Tesla, T. Harv Eker, Robert Kiyosaki, Arnold Schwarzenegger, Charles Tremendous Jones, Og Mandino, W. Clement Stone, Dr. Wayne Dyer, Andrew Carnegie, Dr. Stephen R. Covey, George S. Clason, Lao Tzu, Warrent Buffett, Bill Gates, Steve Jobs, y muchos más...

¡todos ustedes tienen un lugar muy especial en mi corazón!

Comencemos con una poesía, la que espero que te inspire a seguir y leer este breve pero poderoso libro. ¡Disfrútalo!

En Inglés este poema rima muy bonito. Lo incluí aquí porque su mensaje, a pesar que no rima igual en Español, es muy importante.

Si pudiese volver a criar a mi hijo,
Con el dedo pintaría más, y menos le señalaría.
Haría menos corrección, y más conexión.
Quitaría mis ojos de mi reloj, y vería más con mis ojos.
Me importaría saber menos, y preferiría saber cómo cuidar.
Daría más paseos y volaría más cometas.
Dejaría de jugar seria, y en serio jugaría.
Correría a través de más campos, y miraría más estrellas.
Daría más abrazos y menos tirones.
Me gustaría ser firme con menos frecuencia, y afirmarme
mucho más.
Construiría mi autoestima primero, y mi casa después.
Enseñaría menos sobre el amor al poder,
Y más sobre el poder del amor.
No importa si mi hijo es grande o pequeño,
de hoy en adelante, voy a atesorarlo todo.

Por: Diana Loomans
De: *100 Maneras de Construir el Auto-Estima*
y Enseñar Valores

Por favor visítala en:

www.dianaloomans.com

Por qué los hijos envían a sus padres en acilos para personas de tercera edad.

Por: Dr. Charles Larry, Psicólogo

No me alimentaste, me llevaste a McDonald's.

No jugaste conmigo, me compraste una bicicleta.

No estudiaste conmigo, me compraste una computadora.

No me cuidaste, me enviaste a una guardería.

No me entretuviste, me compraste un DVD.

¿Por qué debería cuidarte? Ni siquiera te conozco.

Por: Dr. Charles Larry Psicólogo

Además de compartir contigo estos dos hermosos poemas, quiero también ayudarte a darte cuenta de que los niños no ven el mundo como los adultos lo ven. "¿Cómo?" Es posible que hayas preguntado. Permíteme ilustrarlo con una historia.

Las Siete Maravillas del Mundo

Se le preguntó a un grupo de alumnos que enumerasen lo que ellos pensaban que eran las presentes "Siete Maravillas del Mundo." Aunque hubo algunos desacuerdos, los siguientes recibieron la mayoría de votos:

1. Grandes Pirámides de Egipto

2. Taj Majal

3. Gran Cañón

4. Canal de Panamá

5. Edificio Empire State

6. Basílica de San Pedro

7. Gran Muralla China

Al colectar los votos, el profesor notó que una estudiante no había terminado su papel todavía. Así que le preguntó a la chica si ella estaba teniendo problemas con su lista. La chica respondió: "Sí, un poco. No pude decidir muy bien porque había muchas alternativas."

El maestro dijo: "Bueno, dinos lo que tienes y tal vez podamos ayudar." La chica vaciló y luego leyó: "Creo que las 'Siete Maravillas del Mundo' son:

1. ver
2. escuchar
3. tocar
4. gustar
5. sentir
6. reír
7. amar"

La clase estaba tan en silencio que podrías haber oído caer un alfiler. ¡Las cosas que pasamos por alto como simples y ordinarias, a las que no les prestamos atención son realmente maravillosas!

Si la riqueza es el secreto de la felicidad, entonces el rico debe estar bailando en las calles. Pero sólo los niños pobres hacen eso.

Si el poder garantiza la seguridad, entonces, los altos funcionarios deberían caminar sin vigilancia. Pero las personas que viven en el borde de la carretera se sienten más seguras.

Si la belleza trae relaciones ideales, entonces, las celebridades famosas deberían tener los mejores matrimonios. Pero, con frecuencia tienen las peores relaciones. Por eso ... Vive Sencillo ... Camina humildemente ... Ama genuinamente !!!

Comparte esto Facebook y Twitter: #OVinspires @OVinspires

La Crianza de los hijos, el trabajo más difícil del mundo pero el que debes amar más.
~ Ovidilio D. Vásquez

Desarrollo Personal

El tema para este capítulo es:
¿Cómo volverse una persona exitosa?

La respuesta a esta fundamental pregunta es: con el fin de educar a los demás, debes educarte a ti mismo en primer lugar. Al leer este libro estarás incrementando tus habilidades sobre cómo tratar con los niños. Vas a mejorar la calidad de tu relación con tus hijos mediante la aplicación de lo que voy a compartir contigo en este breve pero poderoso libro. ¡Disfruta!

Primero, debes saber que personalmente identifico el término "éxito" en las palabras de Earl Nightingale , *"Éxito es la realización progresiva de un ideal digno."*

Nightingale era el gurú internacionalmente conocido del auto-desarrollo y autor de *El Secreto Más Raro en el Mundo, Dirige el Campo*, y un sinnúmero de producciones invaluables que han cambiado millones de vidas, incluyendo la mía.

Una vez que sepas qué es lo que estás buscando, más fácil puedes encontrarlo. Cuando deseas viajar a X ciudad, la mayoría de la gente utiliza Google Maps, pero a menos que identifiques de dónde estás viajando, tu punto A, no te dirá cómo llegar a destino, tu punto B.

Para tener más éxito también he estado aplicando el consejo del Sr. Warren Buffett

Warren Buffett

Sobre las Ganancias

Nunca dependas de un solo ingreso. Haz inversiones para crear una segunda fuente.

Sobre Gastar

Si compras cosas que no necesitas, pronto
tendrás que vender las cosas que necesitas.

Sobre los Ahorros

No ahorres lo que queda después de gastar, sino
que gasta lo que quede después de guardar.

Sobre Tomar Riesgos

Nunca pruebes la profundidad de un río con
ambos pies.

Sobre Invertir

No pongas todos los huevos en una canasta

Sobre la Expectativa

La honestidad es un regalo muy caro. No lo
esperes de gente barata.

*"Ya sea que pienses que puedes ó piensas que
no puedes, tienes razón"*
~ Henry Ford

Cuando se trata de éxito, Zig Ziglar, el motivador más grande del mundo en su tiempo, nos aconsejó en pensar en la persona más exitosa que conozcas. Podría ser un hombre, podría ser una mujer, podrían ser tus padres, podría ser tu hijo, podría ser tu hija, podría ser tu primo, podría ser tu vecino, podría ser un predicador, podría ser un vendedor, podría ser un maestro, podría ser un político, podría ser un cantante, o podría ser un escritor, bueno, entiendes la idea.

Piensa en la persona más exitosa que conoces, esta persona tiene que ser alguien que si no puede ser tú, dirías, *"Yo quiero ser ella"* o *"Quiero ser como él."* No incluyas a una persona rica sólo porque él o ella es rica. Muchas personas son ricas en riqueza, pero muy pobres en amor. Ahora, piensa en cuáles son las cualidades que hacen a esa persona exitosa.

Algunas cualidades podrían ser: alguien con una buena actitud mental positiva, alguien con gran fe, alguien que tiene un deseo de lograr más, alguien con entusiasmo, ó alguien que es un buen oyente.

Talvez alguien con un buen sentido del humor, alguien que tiene integridad , alguien que es coherente, alguien que tiene amor en su vida, alguien que es sincero, alguien que es un animador, alguien que es un gran trabajador, y la lista puede continuar.

Ahora, piensa en esto, ¿eres una persona que practica estas cualidades en su vida diaria?. ¿Estás trabajando en la adquisición o mejora de estas cualidades? Cuándo aplicas un poco de esfuerzo en tu rutina diaria para convertirte en una persona con estas cualidades, empieza a hacer efecto un efecto compuesto.

Piensa en esto -si una persona come una hamburguesa con un gran refresco diariamente, ¿Dicha persona se vuelve GORDA en las dos primeras semanas por comer la misma porción cada día?

Probablemente no, pero ya que él o ella lo hace todos los días, el efecto compuesto hace efecto eventualmente y la persona empieza a engordar. Una vez que están en esa etapa, más problemas comienzan a ocurrir.

Como mi buen amigo Justin Méndez, Conferencista de Apertura diría en su discurso de "Desayuno Mental", *"Mientras que los días se suman a semanas, semanas suman meses y meses suman años ... Cosechamos la abundante cosecha de nuestros hábitos."*

¿Qué hábitos estás implementando para llegar a ser una persona más exitosa? La persona a quien tú elijas como un modelo a seguir, ¿qué hábitos tiene?

¿Estás listo para aprender de ellos? ¿Estás listo para decir adiós a algunos de tus hábitos y saludar a otros mejores?

"Has cometido algunos errores y puede que no estés donde quieres estar ... pero eso no tiene nada que ver con tu futuro."
~ Zig Ziglar

Napoleon Hill en su libro, *"Piense y Hágase Rico"* mencionó la importancia de una declaración de misión. Cada persona de éxito lleva una con ellas. Sirve como un punto de enfoque. He incluido mi declaración de misión que desarrollé cuando tomé la firme decisión de convertirme en lo que yo deseaba.

Siéntete libre de copiar mi declaración de misión y editarla para que se ajuste a tu propia situación.

Objetivo: Ser Conferencista Profesional para Julio 1ero del 2013

Estoy dispuesto a leer todos los días todo el material necesario para impartir un discurso de acuerdo con el tema solicitado. Estoy dispuesto a renunciar a "Padre de Familia" y en su lugar, crecer y expandir mi mente en términos positivos para que yo pueda ser capaz de ser, hacer y tener más de lo que yo deseo.

Estoy dispuesto a disciplinarme a mí mismo en diferentes situaciones para que pueda tomar las decisiones que tengo que tomar en lugar de opciones que quiero hacer. Estoy abierto a todas las posibilidades, dispuesto a ir a través de todos los procedimientos y los obstáculos que puedan surgir a lo largo del camino. Estoy dispuesto a pensar conscientemente y actuar positivamente hacia todas las situaciones de la vida, porque yo sé y confío en que todo lo que está pasando y va a pasar es por mi propio bien.

Estoy dispuesto a compartir el 10% de mi tiempo e ingresos, para que pueda tener un impacto en mi comunidad en general.

Estoy comprometido a permanecer constante y trabajar duro en una forma inteligente para cumplir todos estos objetivos y finalmente lograr mi resultado deseado. Confío y sé que tengo lo que se necesita; Por lo tanto, mi objetivo está más cerca de lo que puedo imaginar en la actualidad.

Mi propósito es expresar mi voluntad de aceptar el cambio, mi voluntad de trabajar duro y mi voluntad de hacer un esfuerzo adicional por estar comprometido a hacer las cosas de manera diferente, para que sean coherentes con el trabajo e ir más allá de mis metas para liberar un día más a la semana para tiempo familiar/personal, convertirme en un orador motivacional, Tener más felicidad y alegría en la vida y obtener al menos $100,000.00 para el 19/12/2013 ".

No alcancé mi meta de conseguir los $100 mil, pero si cumplí mi meta de ser un orador profesional en 2013. Cuando estás trabajando hacia tu meta personal , esta no va a ser fácil.

Lo fácil no está siempre en el menú. Es difícil y vale la pena. Ten paciencia, sé inteligente, sé persistente, sé un buen aprendiz, y sobre todo mantén la fé.

Recuerda lo que dijo Winston Churchill, *"Nunca, nunca, nunca, nunca, nunca, te rindas."*

Comparte esto en Facebook y Twitter: #OVinspires @OVinspires
"¡Reúnete con personas que te harán responsable de tus palabras! ¡Personas que sueñan más grande que tú! ¡Personas que ganan más que tú! ¡Personas que son más inteligentes que tú!

Reúnete en torno a esas personas y sé lo suficientemente valiente para pedir ayuda! Pero, que sea una situación de GANAR-GANAR. ¡Estate dispuesto a ser humilde y servir!"
~Ovidilio D. Vásquez

También te diré esto sobre el lado exitoso de la crianza de los hijos: no aspires a la perfección. Nadie es perfecto; no te tortures con una vara demasiado alta para llevar a cabo una crianza exitosa de hijos. De acuerdo con un estudio publicado en 2011 en la revista *Personalidad y Diferencias Individuales*, los nuevos padres que creen que la sociedad espera la perfección de ellos suelen estar más estresados y con menos confianza en sus habilidades como padres.

¡Y no es de extrañar! Haz un esfuerzo para ignorar la presión y puede que te vuelvas un padre más relajado. Recuerda: lento pero constante. Disfruta de cada momento. La vida está hecha de momentos memorables. Prepárate todos los días. ☺

"Es mejor estar preparado para una oportunidad y no tener una que tener una oportunidad y no estar preparado."
~ Whitney M. Young, Jr.

Escribe tus pensamientos é ideas importantes
sobre cómo mejorar en tu **Desarrollo Personal**

_____
_____
_____
_____
_____
_____
_____
_____
_____
_____
_____
_____
_____
_____
_____
_____
_____
_____
_____
_____
_____
_____
_____
_____
_____
_____

Escribe tus pensamientos é ideas importantes
sobre cómo mejorar en tu **Desarrollo Personal**

_____
_____
_____
_____
_____
_____
_____
_____
_____
_____
_____
_____
_____
_____
_____
_____
_____
_____
_____
_____
_____
_____
_____
_____
_____
_____
_____

Escribe tus pensamientos é ideas importantes
sobre cómo mejorar en tu **Desarr☺ll☺ Pers☺nal**

_____

_____

_____

_____

_____

_____

_____

_____

_____

_____

_____

_____

_____

_____

_____

_____

_____

_____

_____

_____

_____

_____

_____

_____

_____

_____

Comunicación

El tema para este capítulo es:
¿Cómo puedo crear una comunicación más
cercana con mi hijo(a)?

La principal razón por la que los adolescentes
no hablan mucho se debe a la pubertad. No es tu
culpa, pero sí es tu responsabilidad abrirte paso y
llegar al corazón de tu hijo. Aquí está lo que los
adolescentes traducen en AMOR, los
adolescentes traducen el AMOR en TIEMPO.
¡Necesitan tu tiempo! Pasa tiempo con tu hijo
cuando tenga dificultades comunicando sus
sentimientos. Compartir tu tiempo es casi todo lo
que puedes hacer por ellos en ese mismo
momento.

La mayoría de los estudiantes de secundaria
no pueden expresar sus sentimientos. A veces
simplemente no entienden lo que está sucediendo
en ellos. La mayoría de los estudiantes de la
escuela media no entienden muy bien lo que está
pasando en su entorno y no necesitan que les
digan que regresen a cuando eran pequeños. Sólo
necesitan tu tiempo y atención. Evita sermonear
ó regañar.

Si una conversación se prolonga durante demasiado tiempo, va a ser percibida como una conferencia. En Inglés hay una palabra "K.I.S.S.", que significa "BESO"; cuando hables con tu hijo dale un beso. Recuerda: "K.I.S.S." - *Keep It Short & Simple;* esto significa: *"Mantenlo corto y simple."*

Siéntate y haz una lista de preguntas de las que realmente quieres llegar a conocer la respuesta. He aquí algunos ejemplos:

¿Quién es tu mejor amigo?

¿Qué lo hace a él/ella tu mejor amigo/a?

¿Quién es alguien en tu escuela con el que tienes dificultades para llevarte bien?

¿Por qué crees que sucede?

¿Quién es tu profesor favorito?

¿Por qué es él/ella tu profesor/a favorito/a?

¿Quién es tu peor maestro?

¿Por qué es él/ella tu peor maestro/a?

¿Qué te interesa hacer?

En familia, ¿dónde te gustaría ir de vacaciones?

¿Qué haríamos en esas vacaciones?

¿Cuál es tu canción favorita?

Ahora pídeles que te muestren la canción en YouTube o en cualquier otro medio presente. Pregunta por qué esa canción significa mucho para ellos. El objetivo de esto es que te metas en su mente y entiendas lo que está pasando. Practica el no hablar, haz la pregunta y escucha activamente.

Ser padre es ser un estudiante de tu hijo. Quédate con ellos. Necesitan tiempo contigo. Incluso si ellos no lo dicen, tu hijo necesita que estés con él o ella.

Aquí está una valiosa pieza de información que encontré al leer en **www.LiveScience.com** visita su sitio web, tienen una gran cantidad de información valiosa.

"LOL Bromear Ayuda"

"¡Aliviánate! Bromear con tus hijos les ayuda a prepararse para el éxito social, según un estudio presentado en el festival de los Consejos de Investigación Económicos y Sociales de las Ciencias Sociales de 2011. Cuando los padres bromean y fingen, eso les da a los niños pequeños las herramientas para pensar de forma creativa, hacer amigos y gestionar el estrés. Así que no dudes en jugar a bufón de la corte, tus hijos te lo agradecerán más adelante.

Para más información por favor visita:
www.LiveScience.com

Escribe tus pensamientos e ideas importantes sobre cómo mejorar en tu **Comunicacion.** Quizá quieras añadir una lista de preguntas para hacer a tu hijo.

_____

_____

_____

_____

_____

_____

_____

_____

_____

_____

_____

_____

_____

_____

_____

_____

_____

_____

_____

_____

_____

_____

_____

_____

Escribe tus pensamientos é ideas importantes
sobre cómo mejorar en tu **Comunicacion**
Quizá quieras añadir una lista de preguntas para
hacer a tu hijo.

_____

_____

_____

_____

_____

_____

_____

_____

_____

_____

_____

_____

_____

_____

_____

_____

_____

_____

_____

_____

_____

_____

Escribe tus pensamientos é ideas importantes sobre cómo mejorar en tu **Comunicacion** Quizá quieras añadir una lista de preguntas para hacer a tu hijo.

Depresi☺n

El tema para este capítulo es:
¿Qué pasa si mi hijo está deprimido?

"Sé útil cuando veas a una persona sin una sonrisa, dale la tuya ." ~ Zig Ziglar

Incluso si no recuerdas todo el contenido práctico de este libro rápido pero de gran alcance, quiero que recuerdes las historias que vienen con él. Cuentos que te ayudarán a llevar tu punto a través de tu camino. Quiero que sea lo más simple posible para que tengas una relación exitosa entre tú y tus hijos.

Aquí tenemos un cuento para ayudarte cuando estés hablando con tus hijos acerca de la depresión.

Una Batalla Dentro de Todos Nosotros

Un viejo Cherokee le dijo a su nieto: "Hijo mío, hay una batalla entre dos lobos dentro de todos nosotros. Uno de ellos es el malo. Es la ira, los celos, la codicia, resentimiento, inferioridad, mentiras y ego. El otro es el bueno. Es la alegría, la paz, el amor, la esperanza, la humildad, la bondad y la verdad" El niño pensó y preguntó: "Abuelo, ¿Qué lobo gana?"

El anciano respondió en voz baja: "Al que alimentes."

Capción: *Alimenta al Lobo Bueno*

Ese bello cuento dice mucho. Úsalo y explícale a tu hijo a decidir qué lobo gana la batalla para sentirse DEPRIMIDO o ENERGIZADO y lleno de alegría. Asegúrate de contribuir a esa alegría para que se sienta atendido(a). Recuerda recordarle alimentar al lobo bueno.

Es necesario entender que la depresión es un problema increíblemente grande. Puede ser fácil de diagnosticar por sus síntomas externos, pero las causas profundas de la depresión no son tan simples. Hay varias razones de por qué un adolescente podría estar pasando por la depresión.

De acuerdo a Josh Shipp, experto en comunicion y comportamiento de adolecentes, esto es lo que puedes hacer:

Primero: Podría ser químico; tu hijo adolescente tiene el doble de la cantidad de hormonas en ebullición a través de su cuerpo ahora mismo. Es muy posible que su cerebro no produzca suficiente cantidad de un determinado producto químico, Tal y como los diabéticos no producen suficiente insulina para el cuerpo. Tu hijo podría estar en una situación en la que hay una reacción química para la depresión.

Segundo: La depresión puede ser causada por un problema social. Piensa acerca de ir a través de la escuela secundaria y la preparatoria. Es tan solo un momento en tu vida que está lleno de toneladas de situaciones sociales que son estresantes, dramáticas y muy difíciles de navegar. Especialmente cuando tienes catorce, quince ó diecisiete años. Un mal día podría parecer realmente como el fin de tu mundo. Tu hijo podría estar deprimido por el rechazo percibido por sus compañeros ó algún tipo de circunstancias sociales difíciles que tengan en la escuela secundaria ó preparatoria.

Tercero: La depresión puede ser emocional: Las emociones de tu hijo tienden a salirse de control. Debido a que esto no es culpa de ellos, los jovenes carecen de la capacidad de poner su vida en una perspectiva adecuada.

Ellos están de alguna forma lidiando con estas cuestiones del crecer, pero sólo han tenido 15 años en este planeta, por lo que les falta esa perspectiva que talvez tu ó yo tendríamos. Las cosas parecen como el fin del mundo, cuando en realidad, no lo son.

Cuarto: Podría ser una cuestión moral. La depresión puede ser causada por problemas morales, lo que significa que si tu hijo está haciendo en secreto algo que él ó ella sabe que está mal, inevitablemente sentirá culpa por ello. Ya sabes, todos tenemos una conciencia. Violarla causa un sentido de desintegridad. *Yo no soy la persona que quiero ser, pero estoy haciendo esto que se alinea con quien quiero ser.*

Esas son algunas de las razones para la depresión, las cuales son diversas. Podría ser cualquiera de esas cosas. Podría ser una combinación de dos ó más de esas cosas. Podría ser algo que ni siquiera mencioné.

Es importante entender que esto es un tema nuevo y complejo. Tú, el padre y/ó la madre, vas a tener que hacer el trabajo duro de averiguar exactamente lo que está en el fondo de esta situación. Ojalá pudiera darte una fórmula fácil. El hecho del asunto es que tu hijo es una persona compleja, como todos lo somos.

En muchos casos, el apoyo amoroso incondicional de los padres ó un adulto responsable que le escuche, que no le juzgue, le demuestre importancia, y que le ofrezca consejo en su situación a veces es suficiente, aunque a veces no lo es. A veces hay situaciones en que se requiere más.

Si te encuentras en una situación en la que tu hijo está cayendo en la depresión la cual se extiende por períodos prolongados de tiempo, es el momento para que busques ayuda profesional.

No hay vergüenza en la búsqueda de ayuda profesional. Por favor no dejes que la vergüenza ó la culpa de lo que pensarán los demás y todo eso se meta en tu cabeza. La mayoría de las personas en el planeta deberían conseguir un consejero. Como padre de familia, la buena noticia es que no existe un entrenamiento profesional necesario para cuidar, para escuchar, para estar allí para ellos, y para estar de su lado.

Como Brian Tracy, Coach Internacional de Negocios aconsejaría: sé la principal fuente de amor incondicional para tu hijo. Siempre ámalos incondicionalmente al 100%. Si alguien les pregunta cuánto los amas, su respuesta debería ser; ***mis padres me aman al 100%***. Pero, esa no va a ser tu respuesta si no se los haces saber y se lo demuestras.

Comparte esto en Facebook y Twitter: #OVinspires @OVinspires
Sé la principal fuente de amor incondicional para tu hijo adolescente. Siempre ámalos incondicionalmente al 100%.

Escribe tus pensamientos e ideas importantes
sobre cómo ayudar a tu niño con **Depresion**

_____

_____

_____

_____

_____

_____

_____

_____

_____

_____

_____

_____

_____

_____

_____

_____

_____

_____

_____

_____

_____

_____

_____

_____

_____

_____

_____

_____

Escribe tus pensamientos e ideas importantes
sobre cómo ayudar a tu niño con **Depresion**

_____

_____

_____

_____

_____

_____

_____

_____

_____

_____

_____

_____

_____

_____

_____

_____

_____

_____

_____

_____

_____

_____

_____

_____

_____

_____

_____

_____

Escribe tus pensamientos e ideas importantes sobre cómo ayudar a tu niño con **Depresion**

_____

_____

_____

_____

_____

_____

_____

_____

_____

_____

_____

_____

_____

_____

_____

_____

_____

_____

_____

_____

_____

_____

_____

_____

_____

_____

SEXO

El tema de este capítulo es:
¿Cómo hablarle a mis hijos acerca del sexo?

La persona mas indicada para aconsejarles de esto es mi mentor virtual Zig Ziglar. De su programa, *"Como criar hijos en un mundo negativo"*, he aquí los consejos que él comparte para hablar con tu hijo acerca del sexo.

Como seres humanos, somos criaturas muy curiosas. Si eres religioso puedes usar la Biblia y hacer a tu hijo saber que la Biblia dice que el sexo antes del matrimonio o el sexo fuera del matrimonio está mal. Puedes hacerle saber a tu hijo que si él y su novia se involucran en el sexo, nunca llegará a conocer a la chica realmente. Esto puede sonar extraño, pero una vez que el sexo está involucrado, eso será todo en lo que el niño y la niña piensen.

Ellos van a tratar, aunque no lo creas, de hacerlo cada vez que puedan dondequiera que puedan. Dile a tu hijo que si él ó ella se involucra en el sexo, nunca hablarán de tener niños, carreras, valores, dónde van a vivir. Todas esas cosas hacen una importante contribución a una familia feliz y exitosa.

No sólo eso, sino que diles que van a convertirse en mentirosos. Tu hijo te mentirá, se ocultará de ti, te dirá que él ó ella se va un lugar cuando en realidad van a otro y la preciosa relación que tiene contigo quedará dañada.

Infórmale a tu hija que si queda embarazada, hazle saber a tu hijo que si su novia queda embarazada y tú crees que el aborto no es una opción, van a tener un bebé. Tendrán que casarse. Tendrán que probablemente renunciar a la universidad. Tendrán que renunciar a su infancia.

Va a ser una situación muy grave. Hazles saber que si pueden controlarse a sí mismos ahora que están en su apogeo de excitación sexual, los preparará muy bien para el matrimonio.

Una de las cosas bellas acerca de si se abstienen y la relación se rompe, tu hija siempre será capaz de decir: *"Mi primer novio serio fue* <u>*NOMBRE*</u> *él me trató como a una dama y estoy muy agradecida por ello."* Si se involucran en relaciones sexuales y la relación se rompe, ella siempre va a decir, *"Ese pequeño malhechor, mira lo que me hizo."*

Recuerda que ella tiene que tomar la decisión. Él tiene que tomar la decisión. Cuando enseñas a tu hijo desde el principio, puedes tener un gran impacto en su mundo.

Estas son algunas de las cosas que puedes decirle para evitar que tragedias tengan lugar en las vidas de tus hijos. Enséñales qué decir, cómo abstenerse, enséñales a no ponerse en posiciones comprometedoras. Si en algún lugar están fumando droga o sirviendo alcohol, que ni si quiera entre.

¿Qué tan temprano puedo hablar con mi hijo acerca del sexo?

En su programa "Lo Nuevo Sobre Criar a Niños Positivos En Un Mundo Negativo", Zig Ziglar recomienda que comiences a hablar con tus hijos sobre el sexo desde los cuatro años de edad. La educación sexual debe ser enseñada por los padres.

La razón es, si tus creencias sobre la actividad sexual son diferentes al profesor en la escuela ó las reglas del sistema lo más probable es que el profesor enseñará sus creencias, no las tuyas.

Entonces, ¿estarás insatisfecho con lo que está pasando en la mente de tu hijo? Talvez si, talvez no.

Muchos padres dicen: "Voy a esperar hasta que él o ella pregunte." ¿Realmente crees que tu hijo te preguntará? Tu hijo probablemente ni siquiera se atreverá a sacar el tema. Permíteme compartir contigo una historia.

Un padre viene a su hijo y le dice: "Hijo ven aquí, quiero hablar contigo sobre el sexo." El niño responde: "Sí papá, ¿qué es lo que quieres saber?"

Ten esto en cuenta. Si no les enseñas en casa, alguien más lo hará, y entonces es probable que sea demasiado tarde.

Al hacer cualquier actividad donde tu niño(a) te está observando, debe ser algo en que el niño también pueda participar. Debes comenzar con la enseñanza de los valores y las responsabilidades morales. Muchos padres permiten que la televisión, la radio o internet sean maestros de sus hijos.

Debes reconocer que esos son a menudo fuentes de chismes llenos de representaciones engañosas para la mente de los niños.

Enséñale a tu niño(a) acerca de la privacidad. Siempre toca su puerta cuando vayas a su habitación. Eso les enseñará a tocar siempre en la tuya cuando él quiera entrar. Cuando le enseñes a tu hijo pequeño sobre el sexo, le puedes decir, "El sexo es algo que los padres, marido y mujer disfrutan." Cuando sea más grande, háblales del sexo con mayor detalle.

Si tienen entre diez a doce años de edad, consígueles un libro sobre el sexo. Cuando tu hijo comience a leerlo, siempre cierra todas las conversaciones con tu hijo diciendo: *"Cada vez que desees hablar más sobre esto, házmelo saber y estaremos más que encantados de platicarlo contigo."* No los educas de más al principio, pero les permites que sea muy clara la forma de tratar el tema.

El padre debe hablar con el hijo. La madre debe hablar con la hija. Pero recuerda que un padre puede enseñarle más a la hija sobre chicos en una hora que lo que la madre les puede enseñar en meses.

Al igual que, una madre puede enseñarle más a un hijo acerca de las niñas en una hora que lo que el padre puede enseñarle acerca de ellas en meses.

Nunca les digas que el sexo es sucio. No puedes decirles en toda su vida que el sexo es sucio y luego en la noche de bodas decirles que es un regalo de Dios, de lo que tu crees, ó La Fuente.

Recuérdale a tu adolescente que al no involucrarse en el sexo, no tiene que preocuparse por el embarazo. No tiene que preocuparse por las enfermedades venéreas. Ellos no tienen que preocuparse de ser atrapados. No tienen que preocuparse por la vergüenza. Ellos no tienen que preocuparse acerca de cómo ocultarte cosas.

Dan Zadra dijo, *"La preocupación es un mal uso de la imaginación."* **Muhammad Ali** dijo, *"El hombre que no tiene imaginación no tiene alas."* Tu hijo realmente se concentrará en ser un mejor estudiante. Cuando pueden concentrarse en la escuela, entonces van a tener éxito en ella.

"El guerrero exitoso es el hombre medio, con un enfoque similar al láser."
~ Bruce Lee

Escribe tus pensamientos e ideas importantes sobre cómo hablar con tu hijo acerca del **Sexo**

_____

_____

_____

_____

_____

_____

_____

_____

_____

_____

_____

_____

_____

_____

_____

_____

_____

_____

_____

_____

_____

_____

_____

_____

_____

Escribe tus pensamientos e ideas importantes
sobre cómo hablar con tu hijo acerca del **Sexo**

_____

_____

_____

_____

_____

_____

_____

_____

_____

_____

_____

_____

_____

_____

_____

_____

_____

_____

_____

_____

_____

_____

_____

Escribe tus pensamientos e ideas importantes
sobre cómo hablar con tu hijo acerca del **Sexo**

_____

_____

_____

_____

_____

_____

_____

_____

_____

_____

_____

_____

_____

_____

_____

_____

_____

_____

_____

_____

_____

_____

_____

_____

_____

_____

El P☺der de las Disculpas

El tema para este capítulo es:

¿Cómo tener confianza al hablar con mis hijos?

Vamos a empezar con una historia que te ayudará a entender el poder del control de la ira primero y luego vamos a entrar en El Poder de las Disculpas.

"TE AMO PAPÁ".

Mientras que un hombre estaba puliendo su nuevo vehiculo, su hijo de 4 años cogió una piedra y rayó líneas en el lado del vehiculo. En ira, el hombre tomó la mano del niño y la golpeó muchas veces, sin darse cuenta de que estaba usando una llave.

En el hospital, el niño perdió todos los dedos debido a múltiples fracturas. Cuando el niño vio a su padre .... con dolor en los ojos le preguntó: "Papá, ¿Cuándo mis dedos volverán a crecer?"

El hombre estaba tan herido y sin habla que volvió al vehiculo y lo pateó muchas de veces ... Devastado por sus propias acciones, sentado delante de ese coche miró a los arañazos, el niño había escrito "TE AMO PAPÁ" Al día siguiente ese hombre se suicidó...

La ira y el amor no tienen límites, así que permite que el río de la vida fluya dentro de límites para que esta corriente de agua fresca nunca se disperse. Utilicé esta historia para poder ilustrar la importancia de controlar la ira.

La historia previa no es real. Pero recuerda siempre que *"las cosas son para ser utilizadas y las personas para ser amadas."* Pero el problema en el mundo de hoy es que *"las personas están siendo utilizadas y las cosas están siendo amadas"*

Mantén esa historia en mente en caso de que alguna vez te enojes. En primer lugar encuentra la razón principal por la que tu niño está haciendo lo que está haciendo.

Aquí está lo que el experto en comunicación con adolescentes Josh Shipp tiene que decir sobre esto.

Para que tú como padre le des consejos a tu hijo(a), tienes que hacer un poco de auto-evaluación-verificación. Pídele disculpas a tu hijo cuando hayas cometido un error. Si nunca has pedido disculpas a tus niños en tu vida, algo falta.

Uno de los roles de la familia es enseñarle a los hijos a dar y recibir perdón. El perdón es una habilidad vital fundamental. Hay maneras de disculparse con eficacia y hay maneras de no disculparse con eficacia.

Tú no puedes pedir disculpas diciendo algo como, "lo siento, eres tan estúpido", "lamento que hayas exagerado." o "es que hoy no ando bien". Esas no son disculpas genuinas.

La vida es acerca de las relaciones. El pedir disculpas a tu hijo(a) adolescente hace que te respeten más.

Cuando pides una disculpa, esta debe ser genuina. Con el fin de pedir disculpas tienes que genuinamente querer que las cosas mejoren con esa persona. Necesitas examinarte a ti mismo. Si no estás dispuesto a pedir disculpas, es posible que tengas algunos problemas de orgullo.

Asegúrate de que la otra persona sepa auténticamente que lo valoras a ella y a sus sentimientos. Otra cosa, no hagas excusas. Tus hijos van a aprender mucho de lo que dices, pero van a aprender más de lo que haces. Como Zig Ziglar decía: *"Tus hijos le prestan más atención a lo que haces que a lo que dices"* Las acciones hablan más que las palabras.

Estas son algunas frases que no debes usar para pedir disculpas;

1. No lo quise decir: *A pesar de que no querías, ellos aún sienten dolor.*

2. Simplemente olvídalo: *Toma toda la responsabilidad de lo que hiciste. Tu hijo va a aprender eso de ti*

3. Nadie es perfecto: *Por supuesto, nadie es perfecto. Pero, si no demuestras que en verdad te importa. ¿Por qué* *esperarías que a él ó a ella le importase en el futuro?*

Antes de que la disculpa incluso suceda tienes que estar dispuesto a quedar bien. Si rompiste una promesa, deja de hacer lo que estás haciendo ahora mismo y valora tu palabra. Hazle saber cómo planeas cambiar. La última cosa que quieres ser es un padre que se disculpa por la misma cosa una y otra vez.

Comunícale a tu hijo adolescente que tienes la intención de parar y hazlo. Averigua cuál es el siguiente paso y sigue adelante. Hazle saber que puedes cometer errores de vez en cuando y eso está bien. Tu hijo sabe que al menos estás intentandolo. No esperan la perfección de ti. No trates de controlar su respuesta. Olvida tu expectativa de cómo quieres que tu hijo responda.

Puede que no acepten tus disculpas en el momento, pero con el tiempo van a reconocer que lo intentaste a la medida de tu capacidad y que fuiste honesto. La cuestión es disculparse -

cómo lo tome depende de él ó ella.

A veces se necesita más madurez para aceptar una disculpa que entregar una. Así que, como padre sé un modelo para tu hijo sobre cómo ofrecer una disculpa responsablemente, con madurez, toma responsablemente un compromiso a cambiar y espera que al modelar este comportamiento lo adoptarán como propio.

Escribe tus pensamientos e ideas importantes sobre cómo ayudar a su hijo a través de **El**

P☺der de las Disculpas

_____

_____

_____

_____

_____

_____

_____

_____

_____

_____

_____

_____

_____

_____

_____

_____

_____

_____

_____

_____

_____

_____

_____

_____

_____

_____

Escribe tus pensamientos e ideas importantes sobre cómo ayudar a tu hijo a través de **El P☺der de las Disculpas**

_____

_____

_____

_____

_____

_____

_____

_____

_____

_____

_____

_____

_____

_____

_____

_____

_____

_____

_____

_____

_____

_____

_____

_____

_____

_____

_____

_____

_____

Escribe tus pensamientos e ideas importantes sobre cómo ayudar a tu hijo a través de **El P☺der de las Disculpas**

_____

_____

_____

_____

_____

_____

_____

_____

_____

_____

_____

_____

_____

_____

_____

_____

_____

_____

_____

_____

_____

_____

_____

_____

_____

_____

_____

Abuso Verbal y/o Físico

El tema para este capítulo es:
¿Cómo evitar que mi hijo me conteste?

Vamos a empezar con esto: no hay absolutamente ninguna excusa para el abuso nunca, nunca, nunca, y punto. Fin de la historia. Si estás siendo agredido verbalmente por tu hijo, aquí hay una estrategia. Como padre, quizá no te des cuenta de la cantidad de control que tienes y en realidad cuántos privilegios controlas.

Tú le proporcionas a tu niño transporte, teléfono celular, tal vez una computadora, ropa, aprobación para ir de paseos a lugares divertidos. Tienes mucho más poder de lo que piensas a veces. Debes comenzar a aprovechar ese poder. Esto es lo que puedes hacer:

Primero: Niégate a corresponder a una mala conducta. Como dice el Dr. Phill, *"No tienes que asistir a todas las peleas de perros a las que te invitan."* Lo que significa que sólo porque su hijo arremeta contra ti con abuso verbal, no significa que tengas que corresponder con abuso verbal.

No grites de vuelta. Es muy difícil tener a alguien gritándote cuando no estás gritando de vuelta. Es difícil luchar con alguien cuando no está luchando de vuelta contra ti.

Cuando esto sucede, simplemente diles esto: "Yo te quiero mucho como para discutir contigo y estaré encantado de hablar contigo acerca de esto cuando seas amable."

Una vez que dices esas palabras, sólo tienes que dar la vuelta y marcharte. Eres el adulto. Tienes que dar el ejemplo y mostrarles cómo se ve el calmar las aguas en una situación hostil.

Segundo: Necesitas proporcionar consecuencias reales. Lo único que tienes que proporcionar legalmente para tu hijo es comida, ropa, y un lugar para dormir. Todo lo demás es un regalo. Comienza reduciendo los extras. El único lugar donde tu hijo debe estar es estudiando en horas de clase. Por lo tanto, comiénzales a quitar el tiempo libre incluiyendo las actividades extracurriculares de banda, teatro y deportes. Todo con mesura.

Si está siendo abusivo este tipo de cosas son privilegios. Quiero advertirte, nunca quites privilegios con una sonrisa maligna. Nunca debes gritar o levantar la voz con una postura de venganza. Siempre disciplina a tu niño con un corazón roto. Cuando un niño está siendo verbalmente abusivo, comienza a quitarle sus privilegios.

Le podrías decir algo como: "Estoy encantado de ofrecer estos grandes privilegios a los niños que me tratan con respeto. Tú elegiste ser verbalmente abusivo, no voy a tener más remedio que reducir todos estos privilegios.

Estoy más que dispuesto a sacar todo de tu habitación, si eso es necesario, excepto la cama." Tienes que tener la fuerza para reducir sus privilegios.

Si no haces esto, por desgracia, triste, e injustamente el abuso continuará. Entrena a tu hijo(a) a cómo tratarte. Si no puedes poner en práctica estas consecuencias, nada va a cambiar. No habrá nada que puedas hacer para cambiar la actitud de tu hijo.

La mejor manera de llegar a ellos es hacer que experimenten las devastadoras consecuencias de sus propias acciones. El objetivo de esta disciplina es que ellos estén enojados con su propia elección y que no estén enojados contigo. Recuerda, la disciplina es algo que se hace por ellos, no a ellos.

Escribe tus pensamientos e ideas importantes sobre cómo ayudar a tu niño en caso de **Abuso Verbal y/o Abuso Físico**

Escribe tus pensamientos e ideas importantes sobre cómo ayudar a tu niño en caso de **Abuso Verbal y/o Abuso Físico**

_____

_____

_____

_____

_____

_____

_____

_____

_____

_____

_____

_____

_____

_____

_____

_____

_____

_____

_____

_____

_____

_____

_____

_____

Escribe tus pensamientos e ideas importantes sobre cómo ayudar a tu niño en caso de **Abuso Verbal y/o Abuso Físico**

_____

_____

_____

_____

_____

_____

_____

_____

_____

_____

_____

_____

_____

_____

_____

_____

_____

_____

_____

_____

_____

_____

_____

_____

Drogas

El tema para este capítulo es:
¿Cómo le ayudo a mi hijo a lidiar con las drogas?

El comportamiento y los patrones asociados con el abuso de alcohol y drogas pueden variar. Aquí está cómo funciona la adicción a las drogas y el alcohol: los Adolescentes comienzan a usar drogas por curiosidad y por lo general se divierten. Entonces los jovenes siguen el uso de drogas para dejar de sentirse mal. Las drogas y el alcohol alteran la producción de dopamina. La dopamina es simplemente la felicidad química en el cerebro que te hace sentir bien.

Cuando tu hijo adolescente consume drogas o alcohol sus niveles de dopamina llegan a alterarse drásticamente. En muchos casos, la única manera de que puedan obtener la dopamina es a través de las drogas y el consumo de alcohol. Algunos adolescentes están usando drogas simplemente para sentirse normales. Esto es todo sobre la química del cerebro; el niño necesita el medicamento sólo para llegar a un nivel de normalidad. Así es como funciona la drogadicción neurológicamente.

Como padre esto es lo que hay que hacer; si tu hijo es adicto a las drogas ó el alcohol, obviamente, las cosas deben cambiar. Es necesario cambiar el papel natural de lo padres con un adolescente que es adicto.

No debes verte como un cuidador, sino más bien como un arrendador. Una madre ó un padre tiene instinto para cuidar de sus hijos adolescentes, tales como lavar la ropa, limpiar la habitación, darles dinero y este tipo de cosas.

Un adolescente que es un potencial adicto a las drogas en realidad se aprovecha de este instinto paternal y usa esta *"debilidad"* para conseguir lo que quieran: más dinero de ti, que lo saques de problemas y este tipo de cosas.

Vete a ti mismo como un arrendador no como un cuidador. Esto te evita permitirle a tu hijo continuar su adicción. El camino del arrendador mantiene las cosas más manejables. Esto va a incluir: límites claros escritos con consecuencias no-emocionales que se ejecutaran en una cuestión de hecho.

Piensa en ello. Si un arrendador tiene un inquilino que ha roto un acuerdo el arrendador simplemente ejecuta un plan de acción para exigir cambios.

Esto es lo que debes hacer. Sólo tienes que escribir un contrato como un arrendador. Asegúrate de que este contrato está escrito de ante mano no-emocionalmente. Esto se debe hacer cuando te sientas bien. Ten en cuenta que nada va a funcionar a menos que haya consecuencias claras. Necesitas tener consecuencias que sean justas, claras, predeterminadas y entregadas con compasión.

Puede parecer cruel el verse a sí mismo como un arrendador, pero no lo es. Es difícil pero es justo y lo más importante, es eficaz para mantener a los padres fuera de habilitación. Te posiciona para ayudar verdaderamente a tu hijo a entender las consecuencias del uso de drogas ó alcohol al obtener la ayuda que necesitan desesperadamente para mantenerse sobrios y limpios.

Tú le estás ayudando a tu hijo a mantenerse limpio y sobrio, así como el estar equipado con la habilidades de tomar decisiones saludables, para que pueda tomar las decisiones adecuadas para el ó ella. Esto es dramáticamente importante y fundamental porque, a veces, como padres habilitas y amas a tu niño en una situación y lo que realmente debes hacer es hacerle responsable del problema.

Tal vez tu hijo(a) está tomando la decisión de usar medicamentos. Tu adolescente tiene ese problema, pero te culpas a ti mismo. Ahora te sientes como si tuvieses el problema en lugar de tu adolescente. Crea un contrato que vas a utilizar e implementar. Lo que hará es, entregar el problema de nuevo a tu hijo. Tu hijo sentirá el peso de la decisión que él ó ella está tomando por lo que estará naturalmente motivado a cambiar.

Esta es su responsabilidad. Tú le puedes ayudar con esto, pero esto es en última instancia, la vida de tu hijo y por lo tanto su responsabilidad.

Escribe tus pensamientos e ideas importantes sobre cómo ayudar a tu hijo en caso de uso de **Drogas**

Escribe tus pensamientos e ideas importantes
sobre cómo ayudar a tu hijo en caso de uso de
Drogas

Escribe tus pensamientos e ideas importantes sobre cómo ayudar a tu hijo en caso de uso de

Drogas

_____

_____

_____

_____

_____

_____

_____

_____

_____

_____

_____

_____

_____

_____

_____

_____

_____

_____

_____

_____

_____

_____

_____

_____

Consejo Amistoso

El tema para este capítulo es:
¿Cómo doy consejos más amistosos?

"La solución de todos los problemas de los adultos de mañana depende en gran medida de la forma en que nuestros niños crecen hoy en día."
~ Margaret Mead, Antropóloga

Aquí hay un consejo amistoso que puedes darle a tus hijos

La Vida es Como una Cámara
ENFÓCATE en lo que es importante.
CAPTURA los Buenos momentos.
REVÉLATE de lo negativo.
Y si las cosas no funcionan... simplemente toma otra FOTO. Intentalo nuevamente.

Me referiré de nuevo a las enseñanzas de Zig Ziglar. Él afirma que, para que un padre ó madre entienda a sus hijos, uno de los padres tiene que llegar hasta el nivel intelectual de su hijo, y sin embargo liderarlos. Hay una diferencia entre tener a tu hijo como amigo vs tenerlo a él ó ella como tu hijo. El niño quizas no necesita otro amigo. Ellos los consiguen en la escuela. Los amigos son en general de la misma edad.

El niño necesita un padre que tenga un juicio maduro y quién vaya a tomar todas las decisiones en base a los mejores intereses del niño. No es lo que el niño quiere, sino lo que él ó ella necesitan.

Tú no estás aquí para complacer a tus hijos todos los dias. Estás aquí para guiarlos, dirigirlos, y animarlos.

Si tu hijo no quiere obedecer cuando le dices que no salga con sus amigos, explícale que sus amigos podrían ser sus amigos por días, semanas, meses ó quizás años. Pero, tú serás su padre para siempre y que lo quieres mucho. Como Brian Tracy diría, *"Sé la principal fuente de amor para tus niños."* Una vez que sepan eso, estarán más propensos a obedecer tus reglas. Deja que el niño tome la decisión que está en lo mejor de su interés.

Quiero compartir contigo esta secuencia de preguntas que me encontré al leer un artículo de crianza de los hijos en Lifehack.org. Cuando leí este artículo, TÚ estabas en mi pensamiento. Un padre cariñoso como tú que está buscando algunas estrategias más para mejorar las relaciones en el hogar.

"El Secreto de Criar Hijos Felices"
por

ERIN KURT
Experto de Lifehack desde Nov, 2009

1. *Imagina que tuvieras una cámara de vídeo siguiéndote todo el día. ¿Cómo sería ese vídeo?*

2. *Te mostraría: Corriendo alrededor de una actividad a otra?*

3. *¿Gritando órdenes?*

4. *¿Hablando constantemente ó teniendo ruido alrededor como la radio o la televisión?*

5. *¿Hablando rápidamente, en un tono apresurado, preocupado, estresado o ansioso?*

6. *¿Constantemente proporcionando ó siendo el entretenimiento para tu hijo?*

7. *¿Viviendo la vida poco a poco?*

8. *¿Riendo y sonriendo mucho?*

9. *¿Disfrutando los momentos de silencio, no sintiendo la necesidad de decir algo ó hacer preguntas?*

10. *¿Disfrutando de un tiempo a solas, mientras que tu hijo disfruta del suyo propio?*

11. *¿Haciendo una actividad con tu hijo que AMBOS disfruten?*

Escribe tus pensamientos e ideas importantes sobre cómo dar **consejos amistosos a tu hijo/hija**

Escribe tus pensamientos e ideas importantes sobre cómo dar **consejos amistosos a tu hijo/hija**

_____

_____

_____

_____

_____

_____

_____

_____

_____

_____

_____

_____

_____

_____

_____

_____

_____

_____

_____

_____

_____

_____

_____

_____

Escribe tus pensamientos e ideas importantes sobre cómo dar **consejos amistosos a tu hijo/hija**

_____

_____

_____

_____

_____

_____

_____

_____

_____

_____

_____

_____

_____

_____

_____

_____

_____

_____

_____

_____

_____

_____

_____

_____

Autoestima

El tema para este capítulo es:
¿Cómo elevar la autoestima de mi hijo?

Comparte esta imagen con tus hijos:

Si un huevo se rompe por fuerzas externas, la vida termina.

Si un huevo se rompe por la fuerza en el interior, la vida comienza.

Las grandes cosas siempre suceden desde el interior.

Tus hijos necesitan aprender y ser conscientes de la importancia de sus pensamientos y sentimientos acerca de sí mismos. Ahora serás capaz de proporcionar apoyo para que puedan elevar su autoestima a niveles más altos.

Esto dará lugar a un mejor rendimiento, mejores calificaciones, mejor actitud, y mejores relaciones fuera y en casa. Asegúrate de animarles a aceptarse a sí mismos, a valorarse, a perdonarse, a bendecirse, a confiar en sí mismos, a amarse a sí mismos, y a hacerse valer.

Mientras estaba leyendo el sitio de **www.kidshealth.org** Encontré este artículo muy simple y fácil de entender. Te invito a visitar este sitio web para leer historias adicionales para compartir con tu hijo.

"No se puede tocar, pero afecta cómo te sientes. No puedes verla, pero podría estar allí cuando te miras en el espejo. No puedes oírla, pero está ahí cuando hablas de ti mismo ó cuando piensas en ella tú mismo. ¿Qué es esto tan importante y misterioso? **¡Es tu autoestima!**

¿Qué es el Autoestima?

Para entender la autoestima, romperemos el término en dos palabras. Primero vamos a echar un vistazo a la palabra estima, que significa que alguien o algo es importante, especial, o valioso.

Por ejemplo, si realmente admiras el papá de tu amigo porque él trabaja como voluntario en el departamento de bomberos, significa que lo tienes en alta estima. Y el trofeo especial para el jugador más valioso de un equipo a menudo se llama un trofeo estimado. Esto significa que el trofeo representa un logro importante.

Auto significa, pues, ¡tú mismo! Por lo tanto, pon las dos palabras juntas y será más fácil ver lo que la autoestima es. Es cuánto te valoras y lo importante que crees que eres. Es cómo te ves y cómo te sientes acerca de las cosas que puedes hacer.

La autoestima no es sobre la fanfarronería; se trata de llegar a conocer lo que es bueno y no tan bueno. Muchos de nosotros pensamos en lo mucho que nos gustan otras personas o cosas, pero no pensamos realmente mucho acerca de si nos gustamos a nosotros mismos.

No se trata de pensar que eres perfecto, porque nadie es perfecto. Incluso si crees que algunos otros niños son buenos en todo, puedes estar seguro de que tienen cosas que son buenas y cosas que son difíciles para ellos.

La autoestima es que significa verte a ti mismo de una manera positiva que sea realista, lo que significa que es la verdad. Así que si sabes que eres realmente bueno en el piano, pero no puedes dibujar tan bien, ¡todavía puedes tener una gran autoestima!

El primer paso es la conciencia, ser consciente de lo que quieres. Ahora tienes una mejor comprensión acerca de lo que la autoestima es y al aumentar la autoestima en ti mismo, pasarás esa energía positiva junto a tus hijos.

www.kidshealth.org

Comparte esto en Facebook y Twitter: #OVinspires
@OVinspires
La autoestima no se trata de alardear. Se trata de conocer lo que es bueno y no tan bueno.

Quiero compartir con ustedes un diálogo interno que aprendí de algunos de mis mentores virtuales. El método de la autosugestión es la adopción hipnótica ó subconsciente de una idea que se ha originado uno mismo. *Por ejemplo, a través de la repetición de las declaraciones verbales a sí mismo para cambiar el comportamiento.*

Este diálogo interno te ayudará a ti y a tu niño a aumentar su autoestima. Léelo por la mañana y por la tarde todos los días. Léelo en frente de un espejo para lograr un mayor impacto. Recuerda que los ojos son las ventanas del alma.

Al leer estas líneas, toca y siente tu corazón. Los sentimientos son el factor más importante para todo ser humano.

Yo profunda y completamente me amo.

Yo creo en mí mismo, aparte de las opiniones de otros.

Me siento bien sobre el cuidado de mis propias necesidades.

Me siento cómodo siendo yo mismo alrededor de otros.

Soy una persona única y valiosa tal como soy.

Me estoy volviendo más y más seguro de mí mismo.

Me amo a mí mismo tal y como soy.

Me gusta la forma en que enfrento desafíos.

Me siento bien y lo bueno se siente atraído por mí.

Abiertamente expreso mis necesidades y sentimientos.

Yo soy mi propio ser único -especial, creativo y maravilloso.

Me amo y me acepto.

Estoy sano y feliz.

Yo soy intrínsecamente digno como persona.

Acepto y aprendo de mis errores.

A veces las cadenas que
nos impiden ser libres
son más mentales que físicas.

Escribe tus pensamientos e ideas importantes sobre cómo ayudar a tu niño en caso de **baja autoestima**

_____

_____

_____

_____

_____

_____

_____

_____

_____

_____

_____

_____

_____

_____

_____

_____

_____

_____

_____

_____

_____

_____

_____

_____

Escribe tus pensamientos e ideas importantes sobre cómo ayudar a tu niño en caso de **baja autoestima**

Escribe tus pensamientos e ideas importantes sobre cómo ayudar a tu niño en caso de **baja autoestima**

Construyendo el Carácter

El tema para este capítulo es:
¿Cómo construyo el carácter positivo de mi hijo?

Primero: *enséñales a no olvidarse de la persona que les ayuda.*

Segundo; *enséñales a no odiar a la persona que los ama.*

Tercero; *enséñales a no mentirle a la persona que confía en ellos.*

La vida es simple, tú puedes enseñarles a tus hijos estas tres reglas, y estás en camino de criar a un niño con un gran carácter.

Tú también vas a construir el personaje de tu hijo al también enseñarle sobre la compasión en la familia. Esto te ayudará a criar a un niño positivo en un mundo negativo. Recuerda que tus niños prestan más atención a lo que haces que a lo que dices.

Permíteme compartir contigo una historia que leí en *www.MoralStories.org*

"Hacer Especiales las Relaciones"

Cuando yo era niño, a mi mamá le gustaba hacer comida para el desayuno de vez en cuando. Y recuerdo una noche en particular, cuando ella había hecho la cena después de un largo y duro día en el trabajo. En esa noche hace mucho tiempo, mi mamá colocó un plato de huevos, salchichas y galletas un poco quemados frente a mi papá. ¡Recuerdo estar esperando para ver si alguien se daba cuenta! Sin embargo, todo lo que papá hizo fue coger su galleta, sonreír a mi madre y preguntarme cómo había estado mi día en la escuela. No recuerdo lo que le dije esa noche, ¡pero sí recuerdo verlo untar mantequilla y mermelada en esa galleta y comer cada bocado!

Cuando me levanté de la mesa esa noche, recuerdo haber oído a mi madre pedir disculpas a mi papá por quemar las galletas. Y yo nunca voy a olvidar lo que él dijo: "Cariño, adoro las galletas quemadas."

Más tarde esa noche, fui a darle su beso de buenas noches a papá y le pregunté si realmente le gustaban sus galletas quemadas. Él me envolvió en sus brazos y dijo: "Tu mamá se esforzó mucho hoy en el trabajo y está muy cansada. Y además —¡una galletita quemada no le hace mal a nadie!"

Moraleja: La vida está llena de cosas y gente imperfecta. No soy el mejor en todo; me olvido de algunos cumpleaños y aniversarios como la mayoría. Pero lo que he aprendido con los años es aprender a aceptar las faltas de los demás y la decisión de celebrar las diferencias de cada uno, lo que es una de las claves más importantes para la creación de un ambiente sano, creciente y una relación duradera.

La persona que presentó esta historia es anónima.

"Puede que no seamos capaces de preparar el futuro para nuestros hijos, pero al menos podemos preparar a nuestros hijos para el futuro."
~ Franklin D. Roosevelt

A continuación una pieza de autosugestión que será tu herramienta para que siempre tengas certeza en tus elecciones de hoy en adelante. Leela cuantas veces sea necesario.

"YO ELIJO"

Elijo vivir por elección, no por casualidad,
Estar motivado, no manipulado,
Ser útil, no ser utilizado,
Realizar cambios, no excusas,
Sobresalir, no competir.
Elijo gran carácter, no mal carácter,
Elijo escuchar mi voz interior, no las opiniones de los
demás al azar.
Elijo hacer las cosas que otros no pueden, para que yo
pueda continuar haciendo las cosas que ellos no pueden.
Porque, si sigo haciendo lo que he estado haciendo, voy a
seguir recibiendo lo que he estado recibiendo.
Por lo tanto, voy a actuar por lo mejor de mi interés
personal.

Autor: *Desconocido*

Aquí te comparto una historia que encontré mientras estaba leyendo en **positiveoutlooksblog.com** y decidí integrarla en este libro para que puedas compartirla con tus hijos. Ellos tomarán el mensaje que necesitan.

Pagado por completo con un vaso de leche

Esto de hecho está basado en una HISTORIA REAL.
¡Disfruta e Inspírate!

Dr. Howard Kelly

Un día, un muchacho pobre que vendía mercancías de puerta en puerta para pagar su escuela, encontró que sólo tenía una moneda de diez centavos, y tenía hambre.

Decidió que pediría comida en la próxima casa. Sin embargo, sus nervios lo traicionaron cuando una encantadora mujer joven le abrió la puerta. En lugar de comida pidió un vaso de agua. Ella pensó que se veía hambriento así que le trajo un gran vaso de leche. Él lo bebió despacio, y entonces le preguntó: "¿Cuánto le debo?" "Usted no me debe nada", respondió ella. "Mi madre siempre nos ha enseñado a nunca aceptar pago por un acto de amabilidad." Y él dijo... "Entonces yo lo agradezco de todo corazón."

Cuando Howard Kelly se fue de la casa, no sólo se sintió más fuerte físicamente, sino que su fé en Dios y el hombre también se fortaleció. Había estado a punto de rendirse y dejar todo.

Años después esa joven enfermó gravemente. Los doctores locales estaban confundidos sin saber que hacer. Finalmente la enviaron a la gran ciudad, donde llamaron a especialistas para estudiar su rara enfermedad. ¡El Dr. Howard Kelly fue llamado para la consulta! Cuando oyó el nombre del pueblo de donde ella venía, una extraña luz llenó sus ojos. Inmediatamente se levantó y fue por el pasillo del hospital a la habitación.

Vestido con su bata de doctor entró a verla. Él la reconoció de inmediato. Regresó al cuarto de observación determinado a hacer lo mejor para salvar su vida. Desde ese día prestó atención especial al caso. Después de una larga lucha, la batalla fue ganada.

El Dr. Kelly pidió a la oficina de negocios que le pasaran factura médica para su aprobación. Él la miró, y luego escribió algo en el borde y le envió la factura a su habitación. Ella temía abrirla, porque estaba segura de que le tomaría el resto de su vida pagar por todo.

Finalmente la abrió, y algo llamó su atención en el borde de la factura. Leyó estas palabras ... **"Pagado por completo con un vaso de leche"** *Firmado Dr. Howard Kelly. Lágrimas de alegría inundaron sus ojos conforme su corazón feliz oró así: "Gracias, Dios porque tu amor se ha extendido a través de los corazones y las manos de los humanos."*

El Dr. Howard Kelly (1895) fue un médico y fundó la División de Oncología Ginecológica de Johns Hopkins de la Universidad Johns Hopkins.

Escribe tus pensamientos e ideas importantes sobre cómo ayudar a tu hijo en **Construir su Carácter**

_____
_____
_____
_____
_____
_____
_____
_____
_____
_____
_____
_____
_____
_____
_____
_____
_____
_____
_____
_____
_____
_____
_____
_____
_____

Escribe tus pensamientos e ideas importantes sobre cómo ayudar a tu hijo en **Construir su Carácter**

Escribe tus pensamientos e ideas importantes sobre cómo ayudar a tu hijo en **Construir su Carácter**

Los Sentimientos de los Niños

El tema para este capítulo es:
¿Cómo Hacer que mis Hijos se Sientan Bien?

"Los tiempos duros nunca duran, pero la gente dura siempre lo hace."
~ Robert Herjavec

Una gran parte de la crianza positiva es ayudar a que tu hijo se sienta bien consigo mismo mediante fomentar su autoestima sin excederse. Es importante darse cuenta de que esto no se crea al atender a todos sus caprichos ó colmarlo con adulación insincera, sino al felicitarlos por sus logros legítimos.

Ten en cuenta que estos logros pueden ser tan simples como vestirse bien o darle de comer al perro sin que se lo pidas, dependiendo de la edad y nivel de habilidad de tu hijo(a). También proviene de tener cuidado al regañar a tu hijo y abstenerte de utilizar palabras denigrantes ó desmoralizantes en su instrucción.

Es importante tener en cuenta que los niños necesitan que se les permita hacer cosas por su cuenta antes de poder elogiarlos por el acto, así que no tengas miedo de dejar que tus hijos experimenten la independencia apropiada para su edad tan a menudo como sea posible.

Otra parte de la crianza positiva incluye capturar a tus hijos en el acto de obediencia, compasión o cortesía. Es increíble la cantidad de veces al día que un padre va a decir, **"No"** o **"No lo hagas"** en lugar de **"Sí"** y **"Hazlo"** ¿Qué sucede cuando pasas por la habitación de tu hijo, sólo para verlo jugar muy bien con su hermanita? Muchos padres de familia pasarán en hurtadillas más allá de la escena para que no perturben la armonía que ocurre en el interior.

Una mejor opción puede ser la de parar y elogiar a tu hijo para mostrar tu bondad para con su hermana y hacerle saber lo mucho que aprecias el hecho de que él tome tan en serio sus responsabilidades de hermano mayor. Esta parte de la crianza positiva también puede abarcar las recompensas por los comportamientos evidentes, tal como ir a la tienda de helados por haber traído a casa un boletín estelar de calificaciones escolares.

He añadido esta cita como bono extra para ti en este capítulo. Fue escrito por el gran Mark Twain. Te ayudará a ti y a tus hijos a evitar conversaciones no deseadas que puedan terminar perjudicando a tus o sus sentimientos.

"Nunca discutas con un estúpido, te hará descender a su nivel y ahí the vencerá con experiencia."

~ Mark Twain

Nota: La cita sólo es para aclarar el punto. No pretendo o insinuo de ninguna manera que tú o tu hijo(a) son estúpidos.

Sé positivo: No hay sorpresas aquí; Los padres que expresan emociones negativas hacia sus hijos o los tratan descuidadamente son propensos a crear a niños de kinder agresivos. Esas son malas noticias, ya que la agresión de comportamiento en las diferentes edades está vinculada a la agresión más tarde en la vida, incluso para futuras parejas románticas. Así que si te encuentras en un ciclo de padre enojado, niño enojado, padre furioso, trata de liberarte. Esto aliviará tus problemas en el largo plazo.

Por último, pero no menos importante, conoce a tus hijos. Todo el mundo piensa que saben la mejor manera de criar a un niño. Pero, resulta que la paternidad no es una talla única para todos. De hecho, los niños cuyos padres adaptan su estilo de crianza a la personalidad del niño tienen la mitad de la ansiedad y la depresión de sus semejantes que tienen padres más rígidos, de acuerdo con un estudio publicado en agosto de 2011 en el Diario de Psicología Anormal de los Niños.

Resulta que algunos niños, especialmente los que tienen problemas para regular sus emociones, puede ser que necesiten un poco de ayuda de mamá o papá. Pero los padres pueden inadvertidamente dañar a los niños bien adaptados con demasiada ayuda. La clave, según una investigadora líder, Liliana Lengua de la Universidad de Washington está en intervenir con el apoyo basado en las señales de un niño.

Escribe tus pensamientos e ideas importantes sobre cómo ayudar a tus hijos a **sentirse bien, mejor, y de lo mejor**

_____

_____

_____

_____

_____

_____

_____

_____

_____

_____

_____

_____

_____

_____

_____

_____

_____

_____

_____

_____

_____

_____

_____

_____

Escribe tus pensamientos e ideas importantes sobre cómo ayudar a tus hijos a **sentirse bien, mejor, y de lo mejor**

Escribe tus pensamientos e ideas importantes sobre cómo ayudar a tus hijos a **sentirse bien, mejor, y de lo mejor**

_____

_____

_____

_____

_____

_____

_____

_____

_____

_____

_____

_____

_____

_____

_____

_____

_____

_____

_____

_____

_____

_____

_____

_____

M☺tivaci☺n

El tema para este capítulo es:
¿Compartes motivación a los jóvenes en las escuelas?

La motivación es como bañarse. No dura para siempre. Esa es la razón principal por la que Zig Ziglar la recomendaba todos los días.

Cada vez que ofrezco un taller de motivación a los padres sobre, "cómo criar hijos positivos en un mundo negativo." Los padres me hacen esta pregunta, **"¿Vas a las escuelas a inspirar y motivar a los niños?"** La respuesta es: **"Sí"**

Los padres recomiendan que debería ir a todas las escuelas posibles. Mi respuesta es: "Sí, yo motivo a los jóvenes, maestros y padres pero es la escuela la que toma la decisión final sobre si puedo o no puedo venir y motivar a sus alumnos, maestros y padres."

Si sientes que sería una gran idea para mí ir y compartir motivación en la escuela de tu hijo(a), pues recomienda mi taller a la persona que toma las decisiones de la escuela u organización privada.

Muchas veces es el enlace con la comunidad, la Coordinadora de padres, El Director o Coordinador del evento él que toma la decisión. En todo caso, siempre puedes preguntar al Principal "Director" de la escuela.

Cuando imparto motivación siempre comparto los 3 simples pasos que yo tomé para iniciar mi propia compañía a pesar de que en ese entonces no tenía mis "papeles"; así es, fui un indocumentado. "¡Si se puede!"

Cuando imparto motivación en corporaciones comparto estrategias sobre medios sociales en el internet y maneras de bajar costos e incrementar ingresos, universidades, organizaciones privadas, iglesias, y cada lugar donde hay padres, jóvenes y/o empresarios. No dudes en adquirir un libro como un regalo para tu ser querido. Ellos estarán agradecidos por haber pensado en ellos.

¿De qué es lo que hablo cuando puedo motivar a los niños? Les cuento mi historia personal. Una vez que me he conectado con ellos les digo lo que quieren escuchar y mezclo con ellos lo que necesitan oír.

La superación de la adversidad es un elemento muy importante en mis charlas. Porque, cuando los niños están en la escuela hay tantas adversidades que deben superar que si no están inspirados y/o motivados para ir a través de la línea de meta, ellos se rendirán.

Tú no quieres que tu hijo abandone la escuela. Yo tampoco. Lo que quiero es que tú seas capaz de estar en paz sabiendo que tu hijo o hija está recibiendo la motivación y la información necesaria para su transformación.

Escribe tus pensamientos e ideas importantes
sobre qué es lo que has aprendido en general de
este gran libro. Comparte con tus amigos.
www.Facebook.com/OVinspires

_____

_____

_____

_____

_____

_____

_____

_____

_____

_____

_____

_____

_____

_____

_____

_____

_____

_____

_____

_____

_____

_____

_____

Escribe tus pensamientos e ideas importantes sobre qué es lo que has aprendido en general de este gran libro. Comparte con tus amigos.
www.Facebook.com/OVinspires

_____

_____

_____

_____

_____

_____

_____

_____

_____

_____

_____

_____

_____

_____

_____

_____

_____

_____

_____

_____

_____

_____

_____

Escribe tus pensamientos e ideas importantes
sobre qué es lo que has aprendido en general de
este gran libro. Comparte con tus amigos.
www.Facebook.com/OVinspires

Escribe tus pensamientos e ideas importantes sobre qué es lo que has aprendido en general de este gran libro. Comparte con tus amigos.
www.Facebook.com/OVinspires

_____
_____
_____
_____
_____
_____
_____
_____
_____
_____
_____
_____
_____
_____
_____
_____
_____
_____
_____
_____
_____
_____

Escribe tus pensamientos e ideas importantes sobre qué es lo que has aprendido en general de este gran libro. Comparte con tus amigos.
www.Facebook.com/OVinspires

_____
_____
_____
_____
_____
_____
_____
_____
_____
_____
_____
_____
_____
_____
_____
_____
_____
_____
_____
_____

ENGLISH

ESPAÑOL

Made in the USA
Middletown, DE
17 March 2025